A book of 368 pages, each page contains 5 lines
(It means 5 years for one day on one page)
Get your kid involved by writing one line per day until he gets an experience.
At the end of the book there is a parent page (Father's evaluation of the son's writing) to evaluate the annual writing.

01/ January

20____

20____

20____

20____

20____

02/ January

20___

20___

20___

20___

20___

03/ January

20___

20___

20___

20___

20___

04/ January

20 ____

20 ____

20 ____

20 ____

20 ____

05/ January

20

20

20

20

20

06/ January

20

20

20

20

20

07/ January

20____

20____

20____

20____

20____

08/ January

20 ___

20 ___

20 ___

20 ___

20 ___

09/ January

20____

20____

20____

20____

20____

10/ January

20

20

20

20

20

11/ January

20

20

20

20

20

12/ January

20____

20____

20____

20____

20____

13/ January

20

20

20

20

20

14/ January

20

20

20

20

20

15/ January

20

20

20

20

20

16/ January

20____

20____

20____

20____

20____

17/ January

20

20

20

20

20

18/ January

20

20

20

20

20

19/ January

20

20

20

20

20

20/ January

20 _____

20 _____

20 _____

20 _____

20 _____

21/ January

20

20

20

20

20

22/ January

20

20

20

20

20

23/ January

20

20

20

20

20

24/ January

20___

20___

20___

20___

20___

25/ January

20___

20___

20___

20___

20___

26/ January

20

20

20

20

20

27/ January

20___

20___

20___

20___

20___

28/ January

20_____

20_____

20_____

20_____

20_____

29/ January

20

20

20

20

20

30/ January

20

20

20

20

20

31/ January

20____

20____

20____

20____

20____

01/ February

20____

20____

20____

20____

20____

02/ February

20___

20___

20___

20___

20___

03/ February

20____

20____

20____

20____

20____

04/ February

20

20

20

20

20

05/ February

20 _____

20 _____

20 _____

20 _____

20 _____

06/ February

20

20

20

20

20

07/ February

20 _____

20 _____

20 _____

20 _____

20 _____

08/ February

20 ____

20 ____

20 ____

20 ____

20 ____

09/ February

20

20

20

20

20

10/ February

20

20

20

20

20

11/ February

20____

20____

20____

20____

20____

12/ February

20

20

20

20

20

13/ February

20

20

20

20

20

14/ February

20

20

20

20

20

15/ February

20

20

20

20

20

16/ February

20

20

20

20

20

17/ February

20

20

20

20

20

18/ February

20

20

20

20

20

19/ February

20

20

20

20

20

20/ February

20

20

20

20

20

21/ February

20

20

20

20

20

22/ February

20

20

20

20

20

23/ February

20

20

20

20

20

24/ February

20

20

20

20

20

25/ February

20 ___

20 ___

20 ___

20 ___

20 ___

26/ February

20

20

20

20

20

27/ February

20

20

20

20

20

28/ February

20___

20___

20___

20___

20___

29/ February

20

Special Day

01/ March

20

20

20

20

20

02/ March

20

20

20

20

20

03/ March

20

20

20

20

20

04/ March

20

20

20

20

20

05/ March

20___

20___

20___

20___

20___

06/ March

20

20

20

20

20

07/ March

20

20

20

20

20

08/ March

20

20

20

20

20

09/ March

20

20

20

20

20

10/ March

20

20

20

20

20

11/ March

20

20

20

20

20

12/ March

20

20

20

20

20

13/ March

20

20

20

20

20

14/ March

20

20

20

20

20

15/ March

20

20

20

20

20

16/ March

20___

20___

20___

20___

20___

17/ March

20___

20___

20___

20___

20___

18/ March

20

20

20

20

20

19/ March

20

20

20

20

20

20/ March

20

20

20

20

20

21/ March

20

20

20

20

20

22/ March

20

20

20

20

20

23/ March

20

20

20

20

20

24/ March

20

20

20

20

20

25/ March

20

20

20

20

20

26/ March

20

20

20

20

20

27/ March

20

20

20

20

20

28/ March

20

20

20

20

20

29/ March

20___

20___

20___

20___

20___

30/ March

20

20

20

20

20

31/ March

20

20

20

20

20

01/ April

20_____

20_____

20_____

20_____

20_____

02/ April

20

20

20

20

20

03/ April

20

20

20

20

20

04/ April

20

20

20

20

20

05/ April

20

20

20

20

20

06/ April

20___

20___

20___

20___

20___

07/ April

20

20

20

20

20

08/ April

20____

20____

20____

20____

20____

09/ April

20

20

20

20

20

10/ April

20

20

20

20

20

11/ April

20

20

20

20

20

12/ April

20

20

20

20

20

13/ April

20____

20____

20____

20____

20____

14/ April

20____

20____

20____

20____

20____

15/ April

20

20

20

20

20

16/ April

20

20

20

20

20

17/ April

20

20

20

20

20

18/ April

20

20

20

20

20

19/ April

20 ____

20 ____

20 ____

20 ____

20 ____

20/ April

20 ____

20 ____

20 ____

20 ____

20 ____

21/ April

20

20

20

20

20

22/ April

20___

20___

20___

20___

20___

23/ April

20 ___

20 ___

20 ___

20 ___

20 ___

24/ April

20

20

20

20

20

25/ April

20

20

20

20

20

26/ April

20

20

20

20

20

27/ April

20

20

20

20

20

28/ April

20 ____

20 ____

20 ____

20 ____

20 ____

29/ April

20 ___

20 ___

20 ___

20 ___

20 ___

30/ April

20

20

20

20

20

01/ May

20____

20____

20____

20____

20____

02/ May

20

20

20

20

20

03/ May

20

20

20

20

20

04/ May

20____

20____

20____

20____

20____

05/ May

20

20

20

20

20

06/ May

20

20

20

20

20

07/ May

20

20

20

20

20

08/ May

20_____

20_____

20_____

20_____

20_____

09/ May

20

20

20

20

20

10/ May

20

20

20

20

20

11/ May

20

20

20

20

20

12/ May

20

20

20

20

20

13/ May

20

20

20

20

20

14/ May

20

20

20

20

20

15/ May

20

20

20

20

20

16/ May

20___

20___

20___

20___

20___

17/ May

20

20

20

20

20

18/ May

20

20

20

20

20

19/ May

20

20

20

20

20

20/ May

20

20

20

20

20

21/ May

20____

20____

20____

20____

20____

22/ May

20___

20___

20___

20___

20___

23/ May

20

20

20

20

20

24/ May

20

20

20

20

20

25/ May

20

20

20

20

20

26/ May

20

20

20

20

20

27/ May

20

20

20

20

20

28/ May

20

20

20

20

20

29/ May

20

20

20

20

20

30/ May

20

20

20

20

20

31/ May

20

20

20

20

20

01/ June

20

20

20

20

20

02/ June

20___

20___

20___

20___

20___

03/ June

20

20

20

20

20

04/ June

20

20

20

20

20

05/ June

20_____

20_____

20_____

20_____

20_____

06/ June

20

20

20

20

20

07/ June

20

20

20

20

20

08/ June

20

20

20

20

20

09/ June

20

20

20

20

20

10/ June

20

20

20

20

20

11/ June

20

20

20

20

20

12/ June

20

20

20

20

20

13/ June

20

20

20

20

20

14/ June

20 _____

20 _____

20 _____

20 _____

20 _____

15/ June

20____

20____

20____

20____

20____

16/ June

20

20

20

20

20

17/ June

20___

20___

20___

20___

20___

18/ June

20 _____

20 _____

20 _____

20 _____

20 _____

19/ June

20

20

20

20

20

20/ June

20

20

20

20

20

21/ June

20___

20___

20___

20___

20___

22/ June

20___

20___

20___

20___

20___

23/ June

20

20

20

20

20

24/ June

20___

20___

20___

20___

20___

25/ June

20

20

20

20

20

26/ June

20 ___

20 ___

20 ___

20 ___

20 ___

27/ June

20___

20___

20___

20___

20___

28/ June

20

20

20

20

20

29/ June

20

20

20

20

20

30/ June

20

20

20

20

20

01/ July

20

20

20

20

20

02/ July

20

20

20

20

20

03/ July

20

20

20

20

20

04/ July

20____

20____

20____

20____

20____

05/ July

20

20

20

20

20

06/ July

20___

20___

20___

20___

20___

07/ July

20

20

20

20

20

08/ July

20

20

20

20

20

09/ July

20___

20___

20___

20___

20___

10/ July

20____

20____

20____

20____

20____

11/ July

20

20

20

20

20

12/ July

20

20

20

20

20

13/ July

20

20

20

20

20

14/ July

20___

20___

20___

20___

20___

15/ July

20

20

20

20

20

16/ July

20

20

20

20

20

17/ July

20

20

20

20

20

18/ July

20 ___

20 ___

20 ___

20 ___

20 ___

19/ July

20

20

20

20

20

20/ July

20_____

20_____

20_____

20_____

20_____

21/ July

20_____

20_____

20_____

20_____

20_____

22/ July

20___

20___

20___

20___

20___

23/ July

20___

20___

20___

20___

20___

24/ July

20

20

20

20

20

25/ July

20_____

20_____

20_____

20_____

20_____

26/ July

20____

20____

20____

20____

20____

27/ July

20

20

20

20

20

28/ July

20

20

20

20

20

29/ July

20

20

20

20

20

30/ July

20 ____

20 ____

20 ____

20 ____

20 ____

31/ July

20___

20___

20___

20___

20___

01/ August

20 ___

20 ___

20 ___

20 ___

20 ___

02/ August

20

20

20

20

20

03/ August

20

20

20

20

20

04/ August

20

20

20

20

20

05/ August

20 ____

20 ____

20 ____

20 ____

20 ____

06/ August

20

20

20

20

20

07/ August

20___

20___

20___

20___

20___

08/ August

20

20

20

20

20

09/ August

20

20

20

20

20

10/ August

20

20

20

20

20

11/ August

20

20

20

20

20

12/ August

20

20

20

20

20

13/ August

20

20

20

20

20

14/ August

20

20

20

20

20

15/ August

20

20

20

20

20

16/ August

20

20

20

20

20

17/ August

20 ____

20 ____

20 ____

20 ____

20 ____

18/ August

20

20

20

20

20

19/ August

20

20

20

20

20

20/ August

20

20

20

20

20

21/ August

20

20

20

20

20

22/ August

20

20

20

20

20

23/ August

20

20

20

20

20

24/ August

20 ___

20 ___

20 ___

20 ___

20 ___

25/ August

20

20

20

20

20

26/ August

20___

20___

20___

20___

20___

27/ August

20

20

20

20

20

28/ August

20

20

20

20

20

29/ August

20

20

20

20

20

30/ August

20

20

20

20

20

31/ August

20

20

20

20

20

01/ September

20___

20___

20___

20___

20___

02/ September

20____

20____

20____

20____

20____

03/ September

20___

20___

20___

20___

20___

04/ September

20

20

20

20

20

05/ September

20

20

20

20

20

06/ September

20 ___

20 ___

20 ___

20 ___

20 ___

07/ September

20

20

20

20

20

08/ September

20___

20___

20___

20___

20___

09/ September

20

20

20

20

20

10/ September

20

20

20

20

20

11/ September

20

20

20

20

20

12/ September

20

20

20

20

20

13/ September

20

20

20

20

20

14/ September

20

20

20

20

20

15/ September

20

20

20

20

20

16/ September

20

20

20

20

20

17/ September

20

20

20

20

20

18/ September

20

20

20

20

20

19/ September

20 _____

20 _____

20 _____

20 _____

20 _____

20/ September

20 _____

20 _____

20 _____

20 _____

20 _____

21/ September

20

20

20

20

20

22/ September

20

20

20

20

20

23/ September

20

20

20

20

20

24/ September

20

20

20

20

20

25/ September

20

20

20

20

20

26/ September

20

20

20

20

20

27/ September

20

20

20

20

20

28/ September

20 ___

20 ___

20 ___

20 ___

20 ___

29/ September

20___

20___

20___

20___

20___

30/ September

20

20

20

20

20

01/ October

20

20

20

20

20

02/ October

20

20

20

20

20

03/ October

20

20

20

20

20

04/ October

20

20

20

20

20

05/ October

20

20

20

20

20

06/ October

20

20

20

20

20

07/ October

20

20

20

20

20

08/ October

20

20

20

20

20

09/ October

20

20

20

20

20

10/ October

20

20

20

20

20

11/ October

20

20

20

20

20

12/ October

20____

20____

20____

20____

20____

13/ October

20

20

20

20

20

14/ October

20

20

20

20

20

15/ October

20

20

20

20

20

16/ October

20

20

20

20

20

17/ October

20

20

20

20

20

18/ October

20

20

20

20

20

19/ October

20

20

20

20

20

20/ October

20 _____

20 _____

20 _____

20 _____

20 _____

21/ October

20

20

20

20

20

22/ October

20

20

20

20

20

23/ October

20 _____

20 _____

20 _____

20 _____

20 _____

24/ October

20___

20___

20___

20___

20___

25/ October

20

20

20

20

20

26/ October

20

20

20

20

20

27/ October

20

20

20

20

20

28/ October

20

20

20

20

20

29/ October

20

20

20

20

20

30/ October

20 ___

20 ___

20 ___

20 ___

20 ___

31/ October

20

20

20

20

20

01/ November

20

20

20

20

20

02/ November

20

20

20

20

20

03/ November

20

20

20

20

20

04/ November

20

20

20

20

20

05/ November

20

20

20

20

20

06/ November

20___

20___

20___

20___

20___

07/ November

20___

20___

20___

20___

20___

08/ November

20

20

20

20

20

09/ November

20

20

20

20

20

10/ November

20

20

20

20

20

11/ November

20

20

20

20

20

12/ November

20

20

20

20

20

13/ November

20

20

20

20

20

14/ November

20

20

20

20

20

15/ November

20 ___

20 ___

20 ___

20 ___

20 ___

16/ November

20

20

20

20

20

17/ November

20

20

20

20

20

18/ November

20

20

20

20

20

19/ November

20

20

20

20

20

20/ November

20____

20____

20____

20____

20____

21/ November

20

20

20

20

20

22/ November

20 _____

20 _____

20 _____

20 _____

20 _____

23/ November

20

20

20

20

20

24/ November

20

20

20

20

20

25/ November

20

20

20

20

20

26/ November

20

20

20

20

20

27/ November

20

20

20

20

20

28/ November

20

20

20

20

20

29/ November

20

20

20

20

20

30/ November

20

20

20

20

20

01/ December

20___

20___

20___

20___

20___

02/ December

20

20

20

20

20

03/ December

20___

20___

20___

20___

20___

04/ December

20

20

20

20

20

05/ December

20

20

20

20

20

06/ December

20

20

20

20

20

07/ December

20

20

20

20

20

08/ December

20

20

20

20

20

09/ December

20

20

20

20

20

10/ December

20

20

20

20

20

11/ December

20

20

20

20

20

12/ December

20 ___

20 ___

20 ___

20 ___

20 ___

13/ December

20

20

20

20

20

14/ December

20

20

20

20

20

15/ December

20____

20____

20____

20____

20____

16/ December

20

20

20

20

20

17/ December

20

20

20

20

20

18/ December

20

20

20

20

20

19/ December

20

20

20

20

20

20/ December

20

20

20

20

20

21/ December

20

20

20

20

20

22/ December

20___

20___

20___

20___

20___

23/ December

20

20

20

20

20

24/ December

20

20

20

20

20

25/ December

20

20

20

20

20

26/ December

20

20

20

20

20

27/ December

20

20

20

20

20

28/ December

20

20

20

20

20

29/ December

20

20

20

20

20

30/ December

20

20

20

20

20

31/ December

20

20

20

20

20

Father's evaluation of the son's writing

20

20

20

20

20

Printed in France by Amazon
Brétigny-sur-Orge, FR